5737
c.2

LA COUPE ENCHANTÉE,

COMEDIE.

NOUVELLE ÉDITION.

A PARIS,

Aux Dépens de la Compagnie des Libraires.

M. DCC. XLIX.

AVEC PERMISSION.

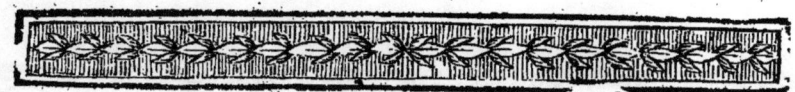

ACTEURS.

ANSELME.

LELIE, Fils d'Anselme.

JOSSELIN, Gouverneur de Lelie.

BERTRAND, Fermier d'Anselme.

Mr. GRIFFON, } Beaux-freres.
Mr. TOBIE,

LUCINDE, Fille de Mr. Tobie.

THIBAUT, Fermier de Mr. Tobie.

PERRETTE, Femme de Thibaut.

La Scéne est dans la cour du Château d'Anselme.

LA COUPE ENCHANTÉE.

SCENE PREMIERE.

BERTRAND, LUCINDE, PERRETTE.

BERTRAND.

ON mordienne, vous dis-je, je ne me laisserai pas enjoller davantage.

LUCINDE.
Hé, mon pauvre garçon.

BERTRAND.
Je n'en ferai rien.

PERRETTE.
Auras-tu bien le cœur si dur que....

BERTRAND.
Je l'aurai dur comme un caillou.

LUCINDE.
Laisse-nous ici seulement jusqu'à ce soir.

BERTRAND.
Je ne vous y laisserai pas un iota davantage, ventregoine. Si quelqu'un vous alloit trouver enfarmées dans ma loge, & que diroit-on?

PERRETTE.
Ardé, ce qu'on en diroit seroit-il tant à ton desavantage?

BERTRAND.

Testigué, si notre Maître, qui hait les Femmes, venoit à vous trouver, où en serois-je ?

LUCINDE.

Quand il sçaura que je suis une jeune Fille persécutée par une Belle-mere, abandonnée à la sollicitation & à l'inimitié de mon propre Pere, & qui fuit la maison paternelle, de crainte d'épouser un Magot qu'elle veut me donner, parce qu'il est son neveu, mes larmes le toucheront; il aura pitié de moi sans doute.

BERTRAND.

Morgué, je vous dis qu'il n'est point pitoyable, je le connois mieux que vous.

PERRETTE.

Et moi je gage que ces larmes le débaucheront, comme elles m'ont débauchée; je ne les vis pas plutôt couler que je me résolus d'abandonner mon ménage, pour aller courir les champs avec elle, quoiqu'il n'y ait qu'onze mois que je sois mariée à Thibaut le Fermier de son Pere, qui est le meilleur homme du monde, & de la meilleure humeur; est-ce que ton Maître sera plus rebarbatif que moi ?

BERTRAND.

Ventredié, vous me feriez enrager; est-ce que je ne sçavons pas bien ce que je sçavons ?

LUCINDE.

Fais-moi parler à ce jeune-homme que tu dis qui est son Fils, je le toucherai je m'assure, & je ne doute point qu'il ne fasse quelque chose auprès de son Pere en notre faveur.

BERTRAND.

Hé bien, hé bien, ne voilà-t'il pas. Palsangoi, n'an dit bian vrai qu'il n'y a rian de si dur que la tête d'une Femme. Ne vous ai-je pas dit, cervelle ignorante, que ce Fils est le *Tu-Autem* du sujet pourquoi on reçoit ici les Femmes comme un chien dans un jeu de quille; que le Pere ne veut point que le Fils en voye aucune; que le Fils n'en connoit non plus que s'il n'y en avoit point au monde, & qu'il ne sçait pas seulement comme on les appelle; que le Pere sottement lui apprend tout cela; que le Fils croit tout cela sottement, & que, que... que Diable ne vous ai-je pas dit tout cela.

PERRETTE.

Hé bien, oui; mais d'où vient qu'il ne veut pas que son Fils

connoiffe des Femmes, eft-ce une fi mauvaife connoiffance?
BERTRAND.
D'où vient... d'où vient... Eh, l'efprit bouché! ne vous fouvient-il pas que de fil en aiguille je vous ai conté que le Pere avoit époufé une Femme qui en fçavoit bien long, & que pour empêcher qu'il n'ait, comme li, le même malancombre qu'il a li, comme bien d'autres, il a juré fon grand juron, que jamais Femme ne feroit rien à ce Fils, & voilà ce qui fait juftement que... mais ventreguienne que de babil, eft-ce que vous ne voulez donc pas vous taire, & me tourner les talons?
LUCINDE *lui donnant de l'argent.*
Mon ami, mon pauvre ami.
BERTRAND.
Mon ami, mon pauvre ami... jarnigué ne vlà-t'il pas encor la chanfon du ricochet avec vos piéces d'or.
PERRETTE.
Et va, va, prends toujours.
BERTRAND.
Ventregué, que veux-tu que j'en faffe?
LUCINDE *lui en donnant encore.*
Mon pauvre garçon.
BERTRAND.
Taftigué, n'avez-vous point de honte de me tanter comme ça?
PERRETTE.
Prends, te dis-je.
BERTRAND.
Morgué, c'eft être bien Satan.
LUCINDE.
Bertrand...
BERTRAND.
Jarni, cela eft caufe que je vous ai déja fait paffer la nuit dans ma cahute.
PERRETTE.
Le grand malheur.
BERTRAND.
Morgué, cela va encore être caufe que je vous y ferai paffer le jour.
LUCINDE.
Mon cher Bertrand.
BERTRAND.
Mort de ma vie, que vous ai-je fait?

PERRETTE.
Eh, prends, prends.
BERTRAND.
Prends, prends, morguoi prends toi-même.
PERRETTE.
Hé bien donne-le-moi, je le prendrai.
BERTRAND.
Tu as bien envie de me voir frotter.
PERRETTE.
La, la, prends courage, il ne t'est point arrivé de mal cette nuit, il ne t'en arrivera pas cette journée; ramene-nous dans la logette.
BERTRAND.
Oui ; mais morgué notre petit Maître est un chercheur de midi à quatorze heures, il a toujours le nez fourré par tout ; s'il vient à vous trouver, hem ?
LUCINDE.
Peut-être sera-t'il bien-aise de nous voir & de nous parler.
BERTRAND.
Testigué, ne vous y fiez pas. C'est un petit babillard qui ne manqueroit pas de l'aller dire à son Pere. Il vaut mieux que je vous boute dans queuque endroit où il n'aille pas vous charcher. Attendez, je vais voir si personne ne nous en empêche.

SCENE II.
LUCINDE, PERRETTE.

LUCINDE.
ENfin, Perrette, nous resterons ici jusqu'à ce soir.
PERRETTE.
Oui ; mais je ne sommes guere loin du Châtiau de votre Pere, j'ai peur que je ne soyons pas long-tems ici sans qu'on vienne nous y charcher.
LUCINDE.
Nous y serons bien cachées. Mais en conscience, Perrette, voudrois-tu partir d'ici sans avoir la charité de tirer ce pauvre petit jeune-homme de l'erreur où l'on le fait vivre ?
PERRETTE.
Ouais, vous vous intéressez bien pour lui ; si j'osois, je croirois quelque chose.

Comédie.

LUCINDE.
Et que croirois-tu ?

PERRETTE.
Je croirois que vous ne seriez pas fâchée de l'avoir pour mari.

LUCINDE.
Tu ne sçais ce que tu dis.

PERRETTE.
Oh par ma foi, j'ai mis le nez dessus.

LUCINDE.
Que veux-tu dire ?

PERRETTE.
Mon gueu, je ne sis pas si sotte que j'en ai la mine. Quand je vous le vis regarder hier avec tant d'attention par le trou de la sarrure, je me dis à parmoi, vlà notre Maîtresse Lucinde qui se prend. Et si ce grand dadais que n'an li veloit bailler pour époux, avoit eu aussi bonne mine que ce petit étourni-ci, je ne serions pas forties de la maison.

LUCINDE.
Tu vois plus clair que moi, Perrette. Je t'avouë que je formai dès hier la résolution de faire tout mon possible pour détromper ce pauvre petit homme, & que c'est à quoi j'ai pensé toute la nuit ; mais jusqu'à présent je ne m'apperçois pas que mon cœur agisse par un autre mouvement, que par celui de la compassion.

PERRETTE.
Eh oui, oui, vous autres grosses Dames, vous n'allez point tout d'abord à la franquette, vous faites toujours semblant de vous déguiser les choses : Pour moi je n'y entends point tant de façons, & quand Thibaut me prit la main la première fois pour danser, & qu'il me la serrit de toute sa force, je devinai tout du premier coup c'en que chela vouloit dire. Mais qu'entends-je ?

SCENE III.

THIBAUT, LUCINDE, PERRETTE.

THIBAUT *derriére le Théâtre.*
Haye, haye, haye.

La Coupe Enchantée,

LUCINDE.

Quelle voix a frappé mon oreille !

THIBAUT.

Ho, ho, ho.

PERRETTE.

Ah Madame; c'est la voix de notre Mari Thibaut, nous vlà pardus !

LUCINDE.

Courons promptement nous cacher.

SCENE IV.

LUCINDE, PERRETTE, BERTRAND, THIBAUT.

BERTRAND.

Où courez-vous ? fuyez, fuyez de ce côté.

LUCINDE.

Thibaut, le Mari de Perrette, vient par ici.

BERTRAND.

Josselin, le Gouverneur de notre petit Maître, vient par ilà.

THIBAUT.

Hola quelqu'un, hola.

PERRETTE.

Entends-tu, c'est fait de nous, s'il nous trouve.

SCENE V.

LUCINDE, PERRETTE, JOSSELIN, BERTRAND, THIBAUT.

JOSSELIN *dans le Château.*

Bertrand, hé Bertrand.

BERTRAND.

Oyez-vous ? nous sommes flambez, s'il nous voit.

LUCINDE.

Où nous cacher ?

BERTRAND.

Rentrez dans ma logette, & n'en ouvrez point la porte à personne.

SCENE

SCENE VI.
JOSSELIN, BERTRAND, THIBAUT.

JOSSELIN.

Qui est-ce donc qui crie de la sorte ?

BERTRAND.

Il faut que ce soit quelque passant qui s'est égaré ; mais le voilà.

THIBAUT.

Hé, parlez donc vous autres, êtes-vous muets ?

JOSSELIN.

Non.

THIBAUT.

Vous êtes donc sourds ?

JOSSELIN.

Encor moins.

THIBAUT.

Et pourquoi donc ne répondez-vous pas ?

JOSSELIN.

Parce qu'il ne nous plaît pas.

THIBAUT.

Palsangué, vous êtes trop drôles ; puisque vous n'êtes ni sourds ni muets, il faut que je vous embrasse. Oui morgué, je sis votre serviteur.

JOSSELIN.

Est-ce que nous nous connoissons ?

THIBAUT.

Je ne sçai pas ; mais je crois que nous ne nous sommes jamais vûs.

JOSSELIN.

C'est ce qui me semble.

THIBAUT.

Palsangué, vous vlà bian étonnai.

JOSSELIN.

Et qui ne le seroit pas ? Nous ne nous connoissons point, & vous m'embrassez comme si nous nous étions vûs toute notre vie.

THIBAUT.

Tastigué, vous avez biau dire ; je vois à votre mine que vous êtes un bon vivant, & que vous m'enseignerez ce que je charche.

JOSSELIN.

Et que cherchez-vous ?

THIBAUT.

Je cherche ma Femme, ne l'avez-vous point vûë?

JOSSELIN.

Ah, vraiment oui, c'est bien ici qu'il faut chercher des Femmes.

THIBAUT.

Elle a nom Parrette, elle s'en est enfouie de cheux nous, palſangué chela est bian drôle, pour courir les champs avec la Fille de Monſieur Tobie, notre Maître, que l'on vouloit marier, maugré elle, au Fils de Monſieur Griffon, Neveu de notre Maîtreſſe : Je ne ſçai morgué comme ces maſques ont fagoté tout chela ; mais la nuit Parrette ſe couchi auprès de moi, & pis je ne li trouvis plus le lendemain ; avez-vous jamais rien vû de plus plaiſant que chela ?

JOSSELIN.

Cela est fort plaiſant.

THIBAUT.

Oh, ce qu'il y a de plus recréatif, c'est qu'elles ſont toutes ſines ſeules, & comme elles ſont morgoi bian jolies, ſi elles alloient rencontrer quelque gaillard qui voulit en faire comme des choux de ſon jardin, elles ſeroient bian attrapées ; tout franc, quand je ſonge à chela, je n'en ris morgué que du bout des dents.

JOSSELIN.

Que craignez-vous ?

THIBAUT.

Je crains... & que ſçais-je moi, je crains... est-ce que vous ne ſçavez pas ce qu'on craint, quand on ne ſçait où diable est ſa Femme ?

JOSSELIN.

Si vous aviez envie de ſçavoir ce qui en est, on pourroit vous donner ſatisfaction.

THIBAUT.

Bon, est-ce qu'on ſçait jamais ça ; pour s'en douter paſſe, mais pour en être ſûr nifle ; j'aurois morgué biau le demander à Parrette, elle ne l'avoueroit jamais, elle est trop deſſalée.

JOSSELIN.

Nous avons ici un moyen ſûr pour en ſçavoir la vérité.

THIBAUT.

Et qu'est-ce encor ?

Comédie.

JOSSELIN.
C'est une Coupe qui est entre les mains du Seigneur de ce Château; quand elle est pleine de vin, si la Femme de celui qui y boit lui est fidéle, il n'en perd pas un goute; mais si elle est infidéle, tout le vin répand à terre.

THIBAUT.
Cela est bouffon; & où diable a-t'il pêché chela?

JOSSELIN.
Il l'a achetée d'un Arabe, qui, soit par composition ou par enchantement, y avoit attaché cette vertu.

THIBAUT.
Et pourquoi ce Monsieur acheta-t'il ce joyau-là?

JOSSELIN.
Par curiosité.

THIBAUT.
Est-ce qu'il étoit marié?

JOSSELIN.
Oui.

THIBAUT.
J'entends, j'entends, il vouloit voir si sa Femme... n'est-ce pas?

JOSSELIN.
Justement.

THIBAUT.
D'abord qu'il eut la Coupe, il y but, je gage.

JOSSELIN.
Vous l'avez dit.

THIBAUT.
Elle répandit.

JOSSELIN.
Non.

THIBAUT.
Morgué, c'est être bien plus heureux que sage. Il s'en tint-là?

JOSSELIN.
Non.

THIBAUT.
Il y rebut?

JOSSELIN.
Oui.

THIBAUT.
Tastigué, vlà un sot homme.

JOSSELIN.
Plus encor que vous ne le dites.

THIBAUT.
Et comment donc? contez-moi cela pour rire.

JOSSELIN.
Il voulut éprouver sa Femme.
THIBAUT.
Le benêt !
JOSSELIN.
Il lui écrivit sous un nom supposé.
THIBAUT.
Le jocrisse !
JOSSELIN.
Il lui envoya des présens.
THIBAUT.
L'impertinent !
JOSSELIN.
Il lui donna un rendez-vous.
THIBAUT.
Elle y vint ?
JOSSELIN.
Est-ce qu'on résiste aux présens.
THIBAUT.
Et comment cela se passa-t'il ?
JOSSELIN.
En excuses du côté de la Dame, en soufflets de la part du Mari.
THIBAUT.
Elle les souffrit patiemment.
JOSSELIN.
Oui ; mais quelques jours après...
THIBAUT.
Il but encore dans la Coupe.
JOSSELIN.
Oui.
THIBAUT.
Et que fit la Coupe ?
JOSSELIN.
Elle répandit.
THIBAUT.
Quand on n'a que ce qu'on mérite, on ne s'en doit prendre qu'à soi.
JOSSELIN.
Il s'en prit à tout le monde, & vint de dépit se loger dans ce Château écarté, pour ne plus entendre parler de Femme de sa vie.

Comédie.

THIBAUT.
Avec la Coupe?

JOSSELIN.
Avec la Coupe.

THIBAUT.
Et dequoi lui sert-elle?

JOSSELIN.
Elle lui sert à voir qu'il a beaucoup de confreres, & cela le console.

THIBAUT.
Et comment les voit-il?

JOSSELIN.
Il engage tous les passans, que le hazard conduit ici, d'en faire l'épreuve.

THIBAUT.
Et depuis quand fait-il ce métier-là?

JOSSELIN.
Depuis quatorze ou quinze ans.

THIBAUT.
En a-t'il bien vû depuis ce tems-là?

JOSSELIN.
Oh, en quantité.

THIBAUT.
Par ma fique vlà tout fin droit ce qu'il faut pour bouter notte Maîtresse & son Biau-frere à la raison ; l'un est un bon Normand, qui a épousé une Languedocienne, sœur de l'autre ; & l'autre est un Gascon, qui a épousé une Parisienne ; comme ils sont logés vison visu, ils se tarabustent toujours sur le chapitre de leurs Femmes. Je vai leur dire que la Coupe les mettra d'accord ; ils rodons autour de cette montagne pour apprendre des nouvelles de leur Fille. Mais quel est ce vilain Monsieur-là.

JOSSELIN.
C'est le Maître de la Coupe & le Seigneur de ce Château.

SCENE VII.

ANSELME, JOSSELIN, THIBAUT.

ANSELME.
AH, Monsieur Josselin, mon pauvre Monsieur Josselin!

JOSSELIN.
Qu'y a-t'il de nouveau, Monsieur?

ANSELME.
Je suis dans le plus grand de tous les embarras. Mon... qui est cet homme-là?

JOSSELIN.
C'est un honnête Paysan qui est en quête de sa Femme, elle s'est échapée de chez lui avec une jeune Fille, & pour les retrouver il est avec une paire de Messieurs qu'il va chercher pour faire l'essai de votre Coupe.

THIBAUT.
Je vai vous amener de la pratique, laissez faire.

SCENE VIII.
ANSELME, JOSSELIN, BERTRAND.

ANSELME.
AH, vraiment de la Coupe! j'ai bien d'autres tintouins dans la tête.

JOSSELIN.
Qu'avez-vous donc?

ANSELME.
J'ai vû... Ouf!

BERTRAND.
Auroit-il vû ces masques de Femmes, écoutons.

ANSELME (*lui donnant un soufflet.*)
Je viens de voir... Que fais-tu là?

BERTRAND.
Rien.

ANSELME.
Va à ta besogne, & ne revien point qu'on ne t'appelle.

SCENE IX.
ANSELME, JOSSELIN.

ANSELME.
JE viens de voir mon Fils, le petit pendart me fait des questions qui m'ont pensé mettre l'esprit sans dessus dessous, il lui prend des curiosités toutes contraires au chemin que je veux qu'il tienne.

JOSSELIN.

Ma foi, Monsieur, si vous voulez que je vous parle franchement, il vous sera bien difficile de l'élever toujours dans l'ignorance où vous voulez qu'il soit. Je crains bien que toutes ces précautions ne deviennent inutiles, & que cette démangeaison qui vous tient de lui vouloir cacher qu'il y a des Femmes au monde, ne porte davantage son petit génie aux connoissances du beau sexe.

ANSELME.

Et qui l'instruira qu'il y a des Femmes ?

JOSSELIN.

Tout, Monsieur, le bon sens premiérement. Oui, ce certain bon sens qui vient avec l'âge ; là, cet âge qui nous retire insensiblement des bras de l'enfance pour nous conduire à la puberté. L'esprit se porte à la conception de bien des choses ; la raison vient, & parmi plusieurs curiosités nous fait appercevoir que l'Homme ne vient point sur la terre comme un champignon, que c'est une petite machine où il y a bien des ressorts ; ces ressorts viennent à se mouvoir par le moyen du cœur ; ce mouvement du cœur échauffe le cerveau ; cette cervelle échauffée se forme des idées qu'elle ne connoit pas bien d'abord ; l'amour se met quelquefois de la partie. Il explique toutes ces idées, il prend le soin de les rendre intelligibles, & voilà comme la connoissance vient aux jeunes gens ordinairement malgré qu'on en ait.

ANSELME.

Tous ces raisonnemens sont les plus beaux du monde ; mais je m'en mocque, & j'empêcherai bien que mon Fils..... Le voici ; je ne suis pas en état de lui parler, mon désordre paroîtroit à sa vûë ; fortifiez-le dans mes pensées, pendant que je vai me remettre.

SCENE X.

LELIE, JOSSELIN.

LELIE.

D'Où vient que mon Pere me fuit ?

JOSSELIN.

Il a des affaires en tête. Lui voulez-vous quelque chose ?

LELIE.
Je ne sçai.
JOSSELIN.
Vous ne sçavez.
LELIE.
Non, je ne sçai ce que je lui veux, je ne sçai ce que je me veux à moi-même, je sens que je m'ennuie, & je ne sçai pourquoi je m'ennuie.
JOSSELIN.
C'est que vous êtes un petit indolent, qui n'avez pas l'esprit de jouir des beautés qui se présentent à vous.
LELIE.
Et quelles sont ces beautés.
JOSSELIN.
Le Ciel, la Terre, le Feu, l'Eau, l'Air, le Jour, la Nuit, le Soleil, la Lune, les Etoiles, les Arbres, les Prés, les Fleurs, les Fruits.
LELIE.
Oui, tout cela est fort divertissant. Ah! mon cher Monsieur Josselin, je voudrois bien...
JOSSELIN.
Quoi?
LELIE.
Vous ne le voudrez pas vous.
JOSSELIN.
Qu'est-ce encor?
LELIE.
Promettez-moi que vous le voudrez.
JOSSELIN.
Selon.
LELIE.
Je voudrois bien aller me promener autre part qu'ici.
JOSSELIN.
Plaît-il?
LELIE.
Ah! je sçavois bien que vous ne le voudriez pas.
JOSSELIN.
Avez-vous oublié que votre Pere vous l'a défendu?
LELIE.
Et c'est parce qu'il me l'a défendu que je meurs d'envie de le faire. Car enfin je m'imagine qu'il y a dans le monde des choses qu'il ne veut pas que je sçache, & ce sont ces choses-là que je m'imagine que je brûle de sçavoir.
JOSSELIN.
Le petit fripon.
LELIE.

Comédie.

LELIE.

Oh ça, Monsieur Josselin, en bonne vérité dites-moi ce que c'est que ces choses-là?

JOSSELIN.

Qu'est-ce à dire ces choses-là?

LELIE.

Oui. Qu'est-ce qu'il y a dans le monde qui n'est point ici?

JOSSELIN.

Rien.

LELIE.

Vous mentez, Monsieur Josselin.

JOSSELIN.

Point du tout.

LELIE.

On me cache bien des choses, Monsieur Josselin; vous lisez dans des Livres, & mon Pére y sçait lire aussi; pourquoi ne m'a-t'on pas appris à y lire?

JOSSELIN.

On vous l'apprendra, donnez-vous patience.

LELIE.

Je ne puis plus vivre comme cela, & c'est une honte d'être si ignorant que je le suis à mon âge.

JOSSELIN.

Voilà un petit drôle qu'il n'y aura plus moyen de retenir.

LELIE.

Et si mon Pere venoit à mourir, Monsieur Josselin, car je sçai bien qu'on meurt, que deviendrai-je?

JOSSELIN.

Vous deviendriez mon Fils, & je serois votre Pere pour lors.

LELIE.

Vous vous moquez de moi, Monsieur Josselin, ce n'est pas comme cela que cela se fait, & ce seroit à mon tour d'être Pere de quelqu'un.

JOSSELIN.

Et bien vous sériez le mien si vous vouliez, & je serois votre Fils, moi.

LELIE.

Oh, ce n'est pas comme cela que cela se fait, assurément vous ne voulez pas me le dire; mais je le sçaurai, vous avez beau faire.

JOSSELIN.

Oh, vous sçaurez, vous sçaurez que vous êtes un petit sot, & que vos discours me fatiguent.

LELIE.

Monsieur Josselin, si vous ne me menez promener, j'irai me promener tout seul, je vous en avertis.

C

JOSSELIN.

Oui, & je vais moi tout de ce pas avertir votre Pere de vos extravagances, & vous verrez après où je vous menerai promener. Oh, oh, voyez-vous le petit impudent avec ses promenades.

LELIE.

Il a beau dire, je sortirai d'ici, quand je devrois mourir sur le pas de la porte.

SCENE IX.

LUCINDE, LELIE, PERRETTE.

PERRETTE.

Madame, le voilà tout seul.

LUCINDE.

Approchons-nous pour voir ce qu'il dira en nous voyant.

LELIE.

Mon Pere n'est pourtant pas un bon Pere, de ne me pas montrer tout ce qu'il sçait, & c'est ce qui fait que je n'ai pas de peine à me résoudre à le quitter.

PERRETTE.

Il ne faut pas lui dire d'abord qui nous sommes; mais je gage bien qu'il le devinera.

LELIE.

Je m'imagine que tout ce qu'on ne veut pas que je sçache, est cent fois plus beau que ce que je sçai. Je pense je ne sçai combien de choses toutes plus jolies les unes que les autres, & je meurs d'impatience de sçavoir si je pense juste. Mais que vois-je? voilà deux jeunes garçons joliment habillés, je n'en ai point encor vû comme ceux-là, je voudrois bien les aborder, mais je suis tout hors de moi-même, & je n'ai pas presque la force de parler; ils se baissent & puis se haussent, qu'est-ce que cela signifie?

LUCINDE.

Nous hésitons à vous aborder.

LELIE.

Ils parlent comme moi. Que de questions je vais leur faire.

LUCINDE.

Vous paroissez étonné de nous voir.

LELIE.
Oui, je n'ai jamais rien vû de si beau que vous, ni qui m'ait tant fait de plaisir à voir.
PERRETTE.
Oh, mort de ma vie, que la nature est une belle chose!
LELIE.
D'où venez-vous? Qui vous a conduits ici? Est-ce mon Pere ou moi que vous cherchez? De grace, ne parlez point à mon Pere, & demeurez avec moi.
LUCINDE.
A ce que je puis juger vous n'êtes point fâché de nous voir.
LELIE.
Je n'ai jamais eu tant de joie.
PERRETTE.
Cela est admirable! & que croyez-vous de nous, s'il vous plaît?
LELIE.
Les deux plus belles créatures du monde; je n'ai jamais rien vû, mais je ne connois rien de plus parfait que vous, & je n'ai plus de curiosité pour tout le reste. Demeurez toujours avec moi, je vous en conjure; je demeurerai toujours ici, & mon Pere & Monsieur Josselin en seront ravis.
LUCINDE.
Vous en jugeriez autrement, si vous sçaviez ce que nous sommes.
LELIE.
Et n'êtes-vous pas des hommes comme nous?
PERRETTE.
Oh, vraiment non, il y a bien à dire.
LELIE.
Hors les habits & la beauté, je n'y vois point de différence.
PERRETTE.
Oui-da, c'est bien tout un, mais ce n'est pas de même.
LELIE.
Il est vrai que je sens en vous voyant ce que je n'ai jamais senti. Ah! si vous n'êtes pas hommes, dites-moi ce que vous êtes, je vous en conjure?
LUCINDE.
Votre cœur ne peut-il pas vous l'expliquer tout-à-fait?
LELIE.
Non; mais ce n'est pas la faute de mon cœur, c'est la faute de mon esprit.

PERRETTE.
Eh bien, tenez, mon pauvre enfant, bien loin d'être des hommes, nous en sommes tout le contraire.

LELIE.
Je ne vous entends point.

PERRETTE.
Vous nous entendrez avec le tems; mais qui aimez-vous mieux de nous deux, là parlez franchement, n'est-ce pas moi?

LELIE.
Je vous aime beaucoup, mais je l'aime infiniment davantage.

LUCINDE.
Tout de bon.

LELIE.
Tout de bon.

PERRETTE.
C'est à cause que vous êtes la plus brave.

LELIE.
Non, non, je ne regarde point aux habits, je ne sçaurois vous dire ce qui fait que je l'aime plus que vous.

LUCINDE.
Vous m'aimez donc?

LELIE.
Plus que toutes les choses du monde.

PERRETTE.
Mais, que pensez-vous en l'aimant?

LELIE.
Mille choses que je n'ai jamais pensées.

LUCINDE.
N'en avez-vous point à me dire?

PERRETTE.
Et que seriez-vous prêt à faire pour lui prouver que vous l'aimez?

LELIE.
Tout.

LUCINDE.
Voudriez-vous quitter ces lieux pour me suivre?

LELIE.
De tout mon cœur, pourvû que je vous suive toujours.

SCENE XII.

JOSSELIN, LUCINDE, PERRETTE, LELIE.

LELIE.

AH ! mon cher Monsieur Josselin, vous allez être ravi.

LUCINDE.

Ah Ciel !

JOSSELIN.

Que vois-je ? Tout est perdu. Ah ! vraiment voici bien pis que la promenade.

LELIE.

Je n'en avois jamais vû, & je le sçavois bien moi qu'il y avoit dans le monde quelque chose qu'on ne me disoit pas.

JOSSELIN.

Paix.

PERRETTE.

Qu'il a la mine rebarbative.

JOSSELIN.

Et d'où diantre ces deux carognes sont-elles venuës ?

LELIE.

Monsieur Josselin.

JOSSELIN.

Taisez-vous.

PERRETTE.

Comme il nous regarde.

LUCINDE.

Le vilain homme que voilà.

JOSSELIN.

Qui vous a conduites ici, impudentes que vous êtes ? Qu'y venez-vous faire ?

PERRETTE.

C'est pis qu'un loup-garou.

LELIE.

Monsieur Josselin, ne les effarouchez pas.

JOSSELIN.

Comment, petit fripon, vous osez.... Qu'elles sont belles !

LUCINDE.

Si c'est un crime pour nous de nous trouver ici, il n'est pas difficile de le reparer, & notre dessein n'est pas d'y faire un long séjour.

JOSSELIN.
Le beau visage qu'a celle-ci !
PERRETTE.
Je n'y serions pas venuës, si j'eussions cru qu'on nous eût si mal reçuës.
JOSSELIN.
Le drôle de petit air qu'a celle-là !
LELIE.
N'est-il pas vrai, Monsieur Josselin, qu'il n'y a rien au monde de plus beau ?
JOSSELIN.
Non, cela n'est pas vrai. Vous ne sçavez ce que vous dites. Les deux jolis bouchons que voilà !
PERRETTE.
Il est enragé ; comme il rouille les yeux.
LELIE.
Monsieur Josselin, menons-les à mon Pere.
JOSSELIN.
Comment, petit effronté, à votre Pere ; tournez-moi les talons, & ne regardez pas derriére vous.
LELIE.
Je veux demeurer ici, moi.
JOSSELIN.
Tournez-moi les talons, vous dis-je ; & vous, détalez au plus vîte.
LELIE.
Je ne veux pas qu'ils s'en aillent.
JOSSELIN.
Et je le veux, moi. Allez vîte.... allez vous cacher dans ma chambre au bout de cette allée, voilà la clef.
PERRETTE.
Comme il se radoucit. Ferons-je bien d'y aller.
JOSSELIN.
Si vous ne dépêchez... Entrez dans le petit cabinet à main gauche, allez vîte, allez.
LELIE.
Demeurez ici, je vous en conjure.
JOSSELIN.
Je vous l'ordonne, partez promptement.
LELIE.
Pour la derniére fois, Monsieur Josselin... Attendez-moi, je vous prie ; je cours trouver mon Pere, j'obtiendrai de lui

que je vous aye ici, & Monsieur Josselin se repentira de vous avoir grondées. Je reviendrai dans un moment.

SCENE XIII.

LUCINDE, PERRETTE, JOSSELIN.

JOSSELIN.

AH! malheureuses petites femelles, sçavez-vous bien où vous êtes, & le malheur qui vous talonne ?

LUCINDE.

Nous sçavons tout ce que vous pouvez nous dire, mais nous espérons tout de votre bonté.

JOSSELIN.

Que vous êtes heureuses d'être belles ! sans cela.... Écoutez, n'allez pas vous entêter de ce petit vilain-là, ce seroit gâter toutes vos affaires.

PERRETTE.

Oh, je ne nous boutons rian dans la tête que de la bonne sorte.

JOSSELIN.

Son Pere veut enterrer toute sa famille avec lui, & ne consentira jamais...

LUCINDE.

Mettez-nous en lieu où nous puissions vous apprendre notre infortune, & sçavoir de vous le conseil que nous devons suivre.

JOSSELIN.

Ma chambre est l'endroit où vous puissiez être le mieux cachées dans ce Château, & j'en veux bien courir les risques pour l'amour de vous, à condition que pour l'amour de moi,....

PERRETTE.

Allez, mon bon Monsieur, vous voyez deux pauvres orphélines, qui ne sont nullement entichées du vice d'ingratitude.

JOSSELIN.

Venez, suivez-moi.

SCENE XIV.
LUCINDE, PERRETTE, JOSSELIN, BERTRAND.

BERTRAND.
OH, palsangué, je vous prends sur le fait, je n'en suis plus que de moitié...

JOSSELIN.
Voilà un maroufle qui vient bien mal-à-propos.

BERTRAND.
Testiguenne, puisque vous voulez les fourrer dans votre chambre, je ne serai pas pendu tout seul, pour les avoir boutées dans ma cahute, vous le serez avec moi, je ne m'en soucie guere.

JOSSELIN.
Veux-tu te taire?

BERTRAND.
Morgué, je ne me tairai point, à moins que je ne retire mon épingle du jeu.

JOSSELIN.
Qu'entends-tu par là?

BERTRAND.
J'entends que vous soyez pendu tout seul.

JOSSELIN.
Que veut dire cet animal-là?

BERTRAND.
Je veux dire qu'à moins que vous ne disiez que c'est vous qui les avez cachées, je vai tout apprendre à notre Maître.

JOSSELIN.
Eh bien, oui, je dirai que c'est moi.

BERTRAND.
Mais, morgué, point de tricherie au moins.

PERRETTE.
J'entends quelqu'un.

BERTRAND.
Rentrez dans ma logette, & ne vous montrez plus sur les yeux de votre tête.

JOSSELIN.
Chut, ou je te rendrai complice.

BERTRAND.
Motus, ou je découvrirai le pot aux roses.

SCENE XV.

ANSELME, LELIE, JOSSELIN, BERTRAND.

LELIE.

Oui, mon Pere, il est impossible que vous me refusiez, quand vous les aurez vûës ; venez seulement ; où sont-ils, qu'en avez-vous fait, Monsieur Josselin ?

JOSSELIN.

Que veut-il dire ?

ANSELME.

Je ne sçai ce qu'il me vient conter.

LELIE.

Que sont-ils devenus, Bertrand ?

BERTRAND.

A qui en veut-il donc ?

LELIE.

Répondez-moi, Monsieur Josselin, ou malgré la présence de mon Pere....

JOSSELIN.

Doucement, petit drôle.

LELIE.

Eclaircis-moi de ce que je veux sçavoir, coquin.

BERTRAND.

Haye, ahy, vous m'étranglez. Est-il devenu fou ?

LELIE.

Ah ! mon Pere, commandez qu'on me les fasse retrouver, ou j'en mourrai de désespoir.

ANSELME.

Quoi, qu'y a-t'il ? Que veux-tu qu'on te rende ? Te voilà bien échauffé.

LELIE.

Cherchons par tout. Si je ne les retrouve, je sçai bien à qui je m'en prendrai.

BERTRAND.

Eh, attendez, attendez. Ce ne sont pas des moigniaux que vous charchez ?

LELIE.
Non, traître, ce ne sont pas des moineaux.
BERTRAND.
Hé bien morgué, quoi que ce puisse être, allons les chercher nous deux; m'est avis que j'ai entendu queuque chose grouiller de ce côté-là.
LELIE.
Courons-y, mon pauvre Bertrand, ne me quitte point. Monsieur Josselin, malheur à vous si je ne lés retrouve.

SCENE XVI.
ANSELME, JOSSELIN.
JOSSELIN.
Des menaces! vous voyez comme il perd le respect.
ANSELME.
Qu'on l'arrête.
JOSSELIN.
Non, non, il vaut mieux qu'en courant il aille dissiper ces vapeurs qui lui troublent l'imagination.
ANSELME.
Mais je crois qu'en effet il est devenu fou; quel galimatias m'a-t'il fait.
JOSSELIN.
C'est justement une suite de ce que je disois tantôt; ce sont des idées qui lui passent par la cervelle, & je ne jurerois pas trop que ce ne fussent des idées de femmes.
ANSELME.
Des idées de femmes! vous vous mocquez, Monsieur Josselin; peut-on avoir des idées de ce qu'on n'a jamais vû?
JOSSELIN.
Belles merveilles. Et ne vous a-t'il jamais arrivé de faire des songes?
ANSELME.
Oui.
JOSSELIN.
Et de voir en dormant des choses que vous n'avez jamais

vûes, & que vous ne vous seriez jamais imaginées, si vous n'aviez dormi.

ANSELME.

D'accord ; mais ce petit garçon-là ne dort pas.

JOSSELIN.

Non vraiment, au contraire je ne l'ai jamais vû si éveillé.

ANSELME.

Hé bien.

JOSSELIN.

Hé bien, il rêve tout éveillé, & c'est justement ce qui fait qu'il fait des contes à dormir debout.

ANSELME.

Mais pourquoi lui vient-il des idées de femmes plutôt que d'autres ?

JOSSELIN.

C'est que ces animaux-là se fourrent par tout malgré qu'on en ait.

ANSELME.

Cela seroit bien horrible que toutes mes précautions fussent inutiles.

JOSSELIN.

Elles le seront à coup sûr, & dès-à-présent je vous en donne ma parole.

ANSELME.

Il n'importe, & si je ne puis lui cacher absolument qu'il y ait des femmes, il ne les connoîtra du moins que pour les haïr.

JOSSELIN.

Il ne les haïra point

ANSELME.

Il les détestera en apprenant ce qu'elles sçavent faire. Mais qu'est-ce-ci ?

JOSSELIN.

Et c'est ce bon Paysan qui vous amene ces deux personnes pour faire essai de votre Coupe.

SCENE XVII.

ANSELME, JOSSELIN, LUCINDE, PERRETTE, Mrs. TOBIE & GRIFFON, THIBAUT.

PERRETTE, *à la fenêtre avec Lucinde.*

LE petit homme n'y est pas, vous dis-je.

LUCINDE.

Il n'importe, voyons d'ici ce qui se passe, puisque nous pouvons voir sans être vûës.

GRIFFON.

Oui, cadedis, je bous le dis & bous le soutiens, bous êtes un bon sot veau-frere.

THIBAUT.

Ah, ah, Monsieur, au mari de Madame votre Sœur.

PERRETTE.

Madame, c'est Thibaut.

TOBIE.

Sot! & qu'est-ce? queu terminaison est chela?

LUCINDE.

Mon Pere & mon Oncle sont ici.

TOBIE.

Nous sommes gens de bien de notre race, je serois marri qu'elle fût entichée des reproches qu'on fait à la vôtre.

THIBAUT.

Eh, eh, Monsieur, le Frere de Madame votre Femme, vous n'y songez pas.

GRIFFON.

Tu fais vien de m'appartenir.

TOBIE.

C'est le plus vilain endroit de ma vie.

THIBAUT.

Messieurs, Messieurs, venez m'aider, s'il vous plaît, à mettre le hola entre deux beau-freres qui se vont couper la gorge.

ANSELME.

Qu'est-ce que c'est donc? Qu'avez-vous, Messieurs, qui vous oblige à en venir aux invectives?

GRIFFON.

Eh, Meſſieurs, ſerbiteur, je bous fais Juges de ceci. Boici le fait. J'ai fait l'honneur à ce Monſieur de donner mon Fils, qui eſt novle Monſieur comme moi, mordi, en mariage à ſa Fille, qui n'eſt qu'une ſimple Roturiére, & parce que la beille des nôces, la ſotte s'éclipſe de la caſe paternelle, il a l'inſolence de dire que c'eſt ma faute, & qu'elle a eu peur d'entrer dans mon alliance, à cauſe que je ſuis ſébere dans ma famille, & que je ne beux pas ſouffrir qu'aucun godeluriau approche mon domaine de la van-lieuë.

TOBIE.

Qu'eſt-ce ? Je donne ma Fille, qui aura dix mille livres de rentes, au Fils de ſu Monſieur, qui eſt gueu comme un rat, & parce qu'elle s'en eſt enfuye de chez moi pour éviter ce mariage, il me dira en me traitant comme un je ne ſçai qui, que parce que je ſuis trop bon dans mon domeſtique, à cauſe que ma Femme eſt toujours autour de moi à m'étouffer de careſſes, & que je ſouffre qu'elle m'appelle ſon petit papa, ſon petit fanfan, ſon petit camuſet; ce qui fait que ma maiſon eſt ouverte à tous les honnêtes gens.

JOSSELIN.

Voilà un différend qui eſt aſſez facile d'accommoder; ces Meſſieurs ſe diſent les choſes de ſi bonne foi, qu'on ne peut s'empêcher de les croire ; mais pour ſçavoir lequel des deux s'eſt le plus fait aimer de ſa Femme par ſes maniéres, votre Coupe enchantée ſera d'un ſecours merveilleux, & je ſuis ſûr qu'elle les mettra d'accord, je vais l'apporter.

ANSELME.

Allez, Monſieur Joſſelin, cela finira la diſpute.

GRIFFON.

Cet homme nous a fait récit de cette Coupe, & je ſerai rabi de connoître par elle lequel eſt le fat de nous deux, je ſuis ſûr que ce n'eſt pas moi.

TOBIE.

Nous en allons voir tout-à-l'heure un bien penaut, je ſçai bien qui ce ne ſera pas.

ANSELME.

Voici la Coupe.

TOBIE.

Donnez, donnez, je ſerois bien fâché de n'en pas faire eſſai

le premier, pour vous montrer combien je suis sûr de mon fait.
Le vin se répand.

JOSSELIN.
Ah, ah.

TOBIE.
Que vois-je? le vin est répandu, je pense.

JOSSELIN.
Oh, par ma foi, le petit papa, le petit fanfan, le petit camuset en tient.

GRIFFON.
Hé, qui de nous dus est le fat? hem, cadedis, mon veau-frere, vous me ferez raison de la conduite de ma Sœur.

TOBIE.
Voilà une méchante créature, je ne l'aurois jamais cru.

JOSSELIN.
Quand elle viendra vous étouffer de caresses, je vous conseille de l'étrangler par bonne amitié.

TOBIE.
C'est chez vous qu'elle a succé ce mauvais lait-là.

GRIFFON.
Oui, oui, cadedis, l'absynte n'est pas plus amere que le lait que je leur fais succer. Bersez, bersez, veau Ganimede, bous allez boir, veau-frere. A la santé de la compagnie.
La Coupe répand.

JOSSELIN.
Ahy, ahy, ahy.

GRIFFON.
Bouais, c'est que je ne la tiens pas droite.
La Coupe répand.

JOSSELIN.
Prenez donc garde.

ANSELME.
Voyez, voyez.

GRIFFON.
La main me tremble.
Tout répand.

JOSSELIN.
Ah, l'on a approché de votre domaine plus près que de la ban-lieuë.

GRIFFON.
Ma foi, je n'y comprends plus rien. Monsieur est von, on

le trahit; je suis sébere, & l'on me trompe; sandis, comment faut-il donc faire avec ces diantres d'animaux-là. Allons. On s'en mordra les doigts. Sans adieu.

SCENE XVIII.

ANSELME, TOBIE, THIBAUT, JOSSELIN, LUCINDE, PERRETTE.

ANSELME.

Jusqu'au revoir.

JOSSELIN.

Vous plaît-il boire encore un coup? O ça, à vous le dez, Pays.

THIBAUT.

A moi.

LUCINDE.

Parrette, ton mari va boire.

PERRETTE.

A quoi s'amuse-t'il, ce n'est pas que je craigne rien, mais le cœur me tape.

JOSSELIN.

A cause que vous êtes un bon frere, en voilà razade, bûvez.

THIBAUT.

Palsangué, je n'ai pas soif.

JOSSELIN.

Il ne s'agit pas d'avoir soif, & c'est seulement par curiosité, & pour sçavoir si vous êtes aimé de votre femme; bûvez.

THIBAUT.

Non, morgué, je ne boirai point, & si le vin alloit répandre par hazard, testigué voyez-vous. Je suis mal-adroit de ma nature; quand je sçaurois ça, en serois-je plus gras, en aurois-je la jambe plus droite, en dormirois-je plus que des deux yeux, en mangerois-je autrement que par la bouche, non pargué; c'est pourquoi, frere, je suis votre sarviteur, je ne boirai point.

JOSSELIN.

Voilà un rustre d'assez bon sens.

ANSELME.

C'est ce qui me semble, & je suis quasi fâché de n'avoir pas été de son humeur.

TOBIE.

Oh, pardi, mon Fermier, vous avez plus d'esprit que votre Maître.

THIBAUT.

Jarni, je ne sçai pas si je fais bien, mais je sçai bien que je serois fâché de faire autrement; j'aime Parrette, elle est ma femme; quand elle seroit la femme d'un autre, elle ne me plairoit pas davantage; je ne sçai si je lui plais finfirmement, elle en fait le semblant du moins; je ne rentre de fois chez moi, que je ne la retrouve tintelle que je l'ai laissée, il n'y a pas un iota à dire. Elle aime à batifoler, je suis d'himeur batifolante, je batifolons sans cesse, & si je m'allois mettre dans la sarvelle tous vos engingorniaux, adieu le batifolage; non, parsanguoi, je n'en ferai rien.

JOSSELIN.

Voilà comme je veux être, si je me marie.

PERRETTE.

Madame, je suis si aise que je ne sçaurois plus m'en tenir; il faut que j'aille embrasser notre homme.

JOSSELIN.

Voilà la perle des maris. Ami, touche là.

THIBAUT.

Votre valet.

TOBIE.

Voilà l'exemple des honnêtes gens; embrasse-moi.

THIBAUT.

Votre sarviteur.

ANSELME.

Voilà le miroir de la vie paisible.

PERRETTE.

Et voilà un vrai homme à femme; ah! que je le baiserai tantôt.

THIBAUT.

Et, tastigué, c'est Parrette.

ANSELME.

Que vois-je, des femmes ici?

THIBAUT.

Comédie.

THIBAUT.

Je n'ai morgué pas voulu boire dans la Coupe, elle eût peut-être dit queuque chose qui m'auroit chagraigné.

PERRETTE.

Elle n'eût rien dit ; mais tu as bien fait, je t'en aime davantage.

TOBIE.

Perrette, qu'as-tu fait de ma Fille ?

LUCINDE *à genoux*.

La voilà, mon Pere, qui se jette à vos genoux pour vous demander pardon.

TOBIE.

Va, ma Fille, je te pardonne.

ANSELME.

Par quel moyen ces femmes sont-elles ici ?

JOSSELIN.

Je ne sçai ; ce sont peut-être elles qui ont fait naître à Monsieur votre Fils les idées.

SCENE DERNIERE.

ANSELME, JOSSELIN, LUCINDE, PERRETTE, THIBAUT, BERTRAND, LELIE.

BERTRAND *à Lelie*.

CE n'est pas par-là, vous dis-je.

LELIE.

Non, non, laisse-moi ; mais que vois-je ? ah ! c'est ce que je cherche, mon Pere, les voilà ; souffrez que je les emmene à ma chambre, je vous promets de n'en sortir jamais.

ANSELME.

Qu'entends-je ?

LELIE.

Ah ! mon Pere, ne les allez pas gronder de peur de les effaroucher encore.

ANSELME.

C'en est fait, la destinée & la nature sont plus forts que mes raisonnemens ; votre seule présence lui en a plus appris

E

en un moment, que je ne lui en avois caché pendant seize années; je commence moi-même à me rendre à la raison, & je vais changer de maniere.

TOBIE.
Qu'est-ce que tout ceci ?

ANSELME.
Vous le sçaurez, Monsieur; mais en attendant qu'on vous l'apprenne, je vous dirai seulement que mon Fils a beaucoup de noblesse & plus de bien, & qu'il ne tiendra qu'à vous d'unir sa destinée à celle de Madame votre Fille.

TOBIE.
Volontiers, j'en serai ravi, & cela fera enrager ma femme.

LELIE.
Je ne comprends rien à tous ces discours, que veulent-ils dire, Monsieur Josselin?

JOSSELIN.
Cette Belle vous l'apprendra.

ANSELME.
Oui, mon Fils, je vous la donne en mariage.

LELIE.
En mariage! cela signifie-t'il qu'elle sera toujours avec moi, mon Pere ?

ANSELME.
Oui, mon Fils.

LELIE.
Quelle joye! Ah! mon Pere, que je vous ai d'obligation.

JOSSELIN.
Jamais le petit frippon ne l'a embrassé si fort.

THIBAUT.
Pargué, Parrette, tout cela est drôle.

PERRETTE.
Oui, cela est bel & bon; mais cette chienne de Coupe que deviendra-t'elle? Qu'il n'en soit plus parlé; car quoique je ne craignons rien, je ne dormirons point en repos.

ANSELME.
Qu'elle ne vous inquiete point, je la briserai en votre présence.

JOSSELIN.
Quelqu'un veut-il faire l'essai de la Coupe, qu'il dépêche; mais franchement je ne conseille à personne d'y boire, & l'exemple du Paysan est sur ma foi le meilleur à suivre.

FIN.

www.ingramcontent.com/pod-product-compliance
Lightning Source LLC
Chambersburg PA
CBHW060706050426
42451CB00010B/1290